C D B !

BY WILLIAM STEIG

*To my Big Sister
Mary - Happy 65th !!
(This is our Kind of
Spelling!)*

*Love,
Karen*

Aladdin Paperbacks

Aladdin Paperbacks
An imprint of Simon & Schuster
Children's Publishing Division
1230 Avenue of the Americas
New York, NY 10020

Copyright © 1968 by William Steig
All rights reserved including the right of reproduction
in whole or in part in any form.

Manufactured in the United States of America.

30 29 28 27 26 25 24 23

Library of Congress Cataloging in Publication Data
Steig, William, 1907—   C D B!
   SUMMARY: Letters and words are used to create the
sounds of words and simple sentences 4 u 2 figure out
with the aid of illustrations.
   1. Word games—Juvenile literature.   [1. Word games.
2. Games]   I. Title.
[GV1507.W8S75   1980]   793.73   80-12376
ISBN: 0-671-66689-4

C D B !

D B S A B-Z B.
O, S N-D !

I N-V U.

R U C-P ?

S, I M.

I M 2.

A P-N-E 4 U.

K-T S X-M-N-N D N-6.

D N S 5 X.

I M 2 O-L 4 U.

O U Q-T. U R A B-U-T.

I M B-4 U.

R U O K ?

S, N-Q.

I M A U-M B-N.
U R N N-M-L.

D C-L S N D C.

D D-R S N D I-V.

D L-F-N 8 D A.

S E-Z 4 U. S?

B-4 U X-M-N L-C,
X-M-N R-V.

H-U !

Y R U Y-N-N ?

I N O.

I C U.

S N-E-1 N ?

L-X-&-R N I

R N D C-T.

I N O.

K-T S D-Z.

I C Y.

I 8 U !

I 8 U 2 !

F U R B-Z,

I-L 1 O-A.

L-C S N X-T-C.

E S D 1 4 U 2 C.

I M N D L-F-8-R.

M N X S L-T 4 U !

I M C-N A G-P-C.

N-R-E S
N T-S.

I M N A T-P.

P-T N J R N J-L.

O 4 A 2-L.

E-R S A M-R.

S M-T !

I F-N N-E N-R-G.

P-T S N N-M-E.

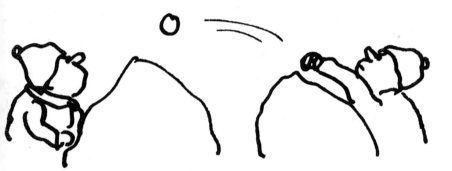

I O U 5 X.

O, I C M. N Q.

D Y-N S X-L-N !

O-L H.

I O U A J.

I M N N-D-N.

O, I C.

U 8 L D X !